James Logie Robertson

Horace in Homespun

A Series of Scottish Pastorals

James Logie Robertson

Horace in Homespun
A Series of Scottish Pastorals

ISBN/EAN: 9783337233075

Printed in Europe, USA, Canada, Australia, Japan

Cover: Foto ©ninafisch / pixelio.de

More available books at **www.hansebooks.com**

HORACE IN HOMESPUN

HORACE IN HOMESPUN

A Series of Scottish Pastorals

BY

HUGH HALIBURTON
SHEPHERD OF THE OCHILS

WITH

PREFACE, NOTES, AND GLOSSARY

BY

J. LOGIE ROBERTSON, M.A.

ILLUSTRATED

EDINBURGH: WILLIAM PATERSON
1886

PREFACE.

HUGH or, as he is familiarly called, Hughie Haliburton, the Author of the Sketches of Scottish Life and Character among the Ochils contained in the present collection, has at least the merit of writing upon a subject which he knows personally, and in which he is directly interested. He lives among the people whom he describes—wears their dress, speaks their language, shares their joys and sorrows. He is, in short, one of themselves. He counts himself, and is counted, no better than his neighbours—except only that he is allowed to lay special claim to a gift of graphic expression, which on occasion takes a metrical form.

His Pastorals reveal all about himself that he cares to make known. They represent him as a veritable shepherd living in healthy solitude with social instincts. His housekeeper on the hillside is a "single" sister—for Hughie is a bachelor. He has at various times pondered the idea of entering the marriage state, but hitherto something has always occurred to postpone or prevent a decision. He is now, in his own language, "wearin' near twa score an' ten," and, though fleeting visions of a mysterious Peggy occasionally cross his dreams by night, his thoughts by day return to celibacy and soberness. He is however no enemy to matrimony in others : he can congratulate his friend Jamie on leaving the ranks of "the Wanters," and console Nannie in the absence of Davie with an assurance of Davie's faithfulness.

Hughie's philosophy of human life is perhaps worthy of particular attention. It is at once cheerful, manly, and practical. To look habitually at the bright side of things, to attend always to present duty, and generally to follow the dictates of common sense are among its features. There is besides a wide sympathy, guided by intelligence and guarded by humour, plainly present in Hughie's philosophical practice, which proves his heart to be as good as his head.

Of Hughie's many friends, old and young, male and female, it would be invidious to particularise one more than another. It may be remarked generally that, if they stand forth with the dramatic distinctness of figure and character which obtains in real life, it is because they are no mere imaginary abstractions, but flesh and blood realities, moving about among the Ochils at the present moment, lusty and world-like—with the solitary exception of Andro, whose untimely death still casts a gloom over one nook of the hills.

The bit of Latin at the beginning of each sketch is put there by the Editor, who sees in Hughie's experience of life among the hills of Scotland a remarkable correspondence to that of Horace, twenty centuries ago, in ancient Rome.

J. LOGIE ROBERTSON.

CONTENTS

	PAGE
HUGHIE'S ADVICE TO HIS BROTHER JOHN,	1
HIS ADVICE TO AULD TAMMY TO TAK' THE USE O' HIS SAVINGS,	4
HIS INDIGNATION AT THE CONDUCT OF THE ABSCONDING ELDER,	6
HIS ANTICIPATION OF HOGMANAY NIGHT,	9
HIS REFUSAL TO EMIGRATE,	12
HIS CONSOLATION TO ALLAN FOR THE LOSS OF HIS SON,	15
HUGHIE IN LOVE WITH A SHREW,	17

b

CONTENTS.

	PAGE
HIS ADVICE TO DAUVIT TO ENJOY THE FINE WEATHER,	19
HIS ANXIETY FOR DAVY ON THE SEAS,	22
HE TAKES HIS EASE IN HIS INN,	25
HIS INVITATION TO A FRIEND IN THE CITY,	27
HIS BACHELOR PARTY,	30
HUGHIE AT THE MAIDEN'S WELL,	34
HIS TESTIMONY TO THE WORTH OF AULD ELSPETH,	37
HE CONSOLES AND COUNSELS YOUNG NANNIE IN THE ABSENCE OF DAVIE,	39
HIS WADDIN' GIFT TO JAME,	41
HIS MONUMENT,	44
HE FA'S IN WITH A FAIRY,	47
HIS HAPPINESS BASED ON CONTENTMENT,	49
HE THINKS HIMSELF NOW TOO OLD FOR LOVE,	51
HE LECTURES A VAIN OLD MAID,	53
HE FLATTERS SAUNDERS WITH AN IRONICAL DESCRIPTION OF HIMSELF,	55
HIS WINTER EXCUSE FOR A DRAM,	58
HUGHIE IN MURNINS: HE LAMENTS THE LOSS O' HIS FRIEND ANDRO,	61
HE IS DRIVEN IN BY A TEMPEST, BUT DEFIES THE ELEMENTS FROM BEHIND A JORUM,	63
HIS VIEWS ON SOLDIERING,	65
HIS SPRING SUNSHINE DASHED WITH SHADOW,	67
HIS ADVICE TO TAMMY TO LIVE LESS FOR THE FUTURE, AN' MAIR FOR THE PRESENT,	69

CONTENTS.

	PAGE
HIS FLIGHT: HE FIGURES AS AN EAGLE,	71
HE OFFERS CONSOLATION TO HIS SISTER MEENIE, WHOSE HEART IS WITH DONAL' IN LOCHIEL,	74
HE REMONSTRATES WITH DAVIE, A DOUR CRITIC,	76
HIS BELIEF IN PRESENT DUTY,	80
HUGHIE UPON HUMAN CONDUCT,	81
HUGHIE AT THE SMIDDY—A DRAMATIC IDYL—	
PART I.,	83
PART II.,	90
GLOSSARY,	97

HUGHIE'S ADVICE TO HIS BROTHER JOHN.

"Omnes eodem cogimur."—CAR. II., 3.

DEAR JOCK, ye're higher up the brae
    Than me, your aulder brither—
Keep mind the higher up ye gae
    The mair ye're in the weather.
I'm no' misdootin' that ye're wice,
    An', for your ploo-share, speed it!
But I may better gi'e advice,
    An' ye may better need it.

The higher up the brae ye speel
    The farrer it's below ye,—
Tak' tent ye dinna gi'e the deil
    Occasion to dounthrow ye.
Be douce an' ceevil wi' success,
    For Fortune's no' to trust aye;
Then if your head should tak' the gress
    Ye're whaur ye were at first aye.

HORACE IN HOMESPUN.

An honest fa', wi' conscience clear,
    It never brak' a bane yet;
There's aye the honest course to steer
    For a' that's come an' gane yet.
But letna lucre be your aim,
    Pursued thro' thick an' thin aye;
The honour o' an honest name,
    That's what you first should win aye.

For happiness (to God be thanks!)
    Is no' the gift o' Fortun';
Wi' place the limmer plays her pranks,
    Wi' men like puppets sportin'—
Rich folk lookin' idly on
    At puir folk busy dargin'—
But happiness, my brither John,
    It wasna in the bargain.

The ups an' douns o' human life
    Are like a fairy revel;
But a' the warld, an' his wife,
    Maun lie at ae great level.
An' that's a thocht for me an' you
    When Fate's awards perplex us;
In calm eternity's wide view
    There's little that should vex us.

HORACE IN HOMESPUN.

Fate's like the waves aneth the mune,
    An' we are vessels ridin';
It's doon an' up, an' up an' doon,
    An' here there's nae abidin';
But on the far horizon's edge,
    To which we're ever driftin',
The changes on oor pilgrimage
    Are but a paltry shiftin'.

HORACE IN HOMESPUN.

HUGHIE'S ADVICE TO AULD TAMMY TO TAK' THE USE O' HIS SAVINGS.

"*Linquenda tellus et domus.*"—CAR. II., 14.

YE'RE agein', Tammy, agein' fast,
   The season o' your strength is past;
     Ye're white but whaur ye're bauld;
The footmarks o' the craw are seen
Aboot the corners o' your een—
     Ye're auld, my frien', ye're auld!
There's some that on life's mornin' road
    Fall in their glorious strength,
An' some, like you, that bear the load
    O' life the weary length;
       But hame still, the same still,
         We've a' to find oor way;
       What maitter tho' later
         Or earlier in the day?

HORACE IN HOMESPUN.

Tammy, ye've lived to be a laird,
Ye awn a stane house, an' a yaird
    Wi' fruit trees on your wa';
Ye keep a powny, an' ye've kye,
Ye've siller i' the bank forbye—
    Ye'll need to leave it a'!
What need ye, then, to strive an' strain,
    An' fret your saul wi' care,
To gaither gain an' treasure gain
    A' for a spendthrift heir?
        He's waitin', like Satan,
            But if he ance win in,
            He'll dance throu't, an' prance throu't,
                An' scatter't a' like sin!

HUGHIE'S INDIGNATION AT THE CONDUCT OF THE ABSCONDING ELDER.

"*Mala soluta navis exit alite.*"—Car. V., 10.

He's aff the kintra at a spang!
    He's on the sea—they've tint him!
The warst o' weather wi' him gang!
    Gude weather bide ahint him!
O for a rattlin' bauld Scots blast
    To follow an' owretak' him—
To screed his sails, an' brak' his mast,
    An' grup his ship, an' shak' him.

Yet wha was less possessed wi' guile,
    Or prayed wi' readier unction?
He brocht the sweetness o' a smile
    To every public function.
There wasna ane had half the grace
    Or graciousness o' Peter;
There wasna ane in a' the place
    For the millennium meeter.

He's fairly aff, he's stown awa',
    A wolf that wore a fleece, man!
He's cheated justice, jinkit law,
    An' lauch'd at the policeman.
The mission fund, the parish rate,
    He had the haill control o't;
The very pennies i' the plate—
    He's skirtit wi' the whole o't!

It's juist a year—it's no' a year,
    I'm no' a hair the belder,
Since in the Session Chaumer here
    We made him rulin' elder.
An' juist a month as Feursday fell
    He gat the gold repeater,
That in a speech I made mysel
    We handit owre to Peter.

A bonnie lever, capp'd an' jew'ld,
    Perth never saw the mak' o't,
An' wi' his character in goold
    Engraven on the back o't.
He's aff! He's aff wi' a' the spoil,
    Baith law and justice jinkit!
O for wind o' winds the wale
    To chase his ship an' sink it!

HORACE IN HOMESPUN.

To lift the watter like a fleece
    An' gie him sic a drookin',
Whaur on his growf he groans for grace
    But canna pray for pukin'.
Then wash'd owre seas upon a spar,
    Wi' seaweeds roun' the head o'm,
Let neither licht o' sun nor star
    Shine down upon the greed o'm!

But let a shark fra oonderneath,
    It's jaws wi' hunger tichtenin',
Soom round him, shawin' izzet teeth
    At every flash o' lichtnin'!
Till in the end the angry waves
    Transport him to a distance
To herd wi' wolves an' sterve in caves
    An' fecht for an existence!

HUGHIE'S ANTICIPATION OF HOGMANAY NIGHT.

> "*Seu tu querelas sive geris jocos,
> Seu rixam, et insanos amores,
> Seu facilem, pia testa, somnum.*"—CAR. III., 21.

Hoo cam' this bonnie greybeard here,
    Sae trimly to the time o' year,
When folk maun lay 't in, tho' it's dear?
      But this, I'se wauger,
Cost but the buyin' o' the bere
      An' miss'd the gauger.

It's smuggled—faith, I canna doot it!
The smell o' peat-reek hings aboot it!
But still it's whusky—to dispute it
      Wad be a sin—
Sae wi' the leechence, or withoot it,
      We'se tak' it in.

This verra nicht it's Hogmanay—
When Hab an' Rab an' twa-three mae
Weel-geizen'd guisers up the brae
      May be expeckit;
An' they maun cake an' caulker hae
      Or they're negleckit.

HORACE IN HOMESPUN.

An' juist as likly 's no, the folk
That brew'd, an' brocht this bonnie crock,
An' left it hingin' at my lock
        May be amon' them—
Surely a mutchkin o' the stock
        'S weel wair'd upon them.

It's whusky noo; but ere the morn
The deil kens *what* may be i' horn,
What acks and antics may be born
        O' this elixir!
The humours o' John Barleycorn—
        They're a queer mixtur'!

Here Willie wi' a warlike ee,
There Hab upon his bendit knee,
Dave amorous daft, an' Roger ree,
        An' Patie snorin',
An' Geordie wi' his jaws ajee
        A ballant roarin'!

Rab sits an' sulks,—a dour ane Rab!
Wee Johnnie gets a gift o' gab,
Lang Sandie grows a perfeck blab
        An' tooms his mind;
While Tam, wi' aye the ither sab,
        Swears he's resign'd.

I see them in their various places,
Oblivious o' their blacken'd faces;
They sit, ae hour the ither chases,
        Nor think o' risin',
Nor hoo John Barleycorn disgraces
        Them an' their guisin'.

At last it comes, the warnin' click
The auld clock gi'es afore it strik';
They warstle up, an' i' the nick
        Roar oot their greetin';
Then Patie's wauken'd wi' a kick,
        An' skells the meetin'!

HUGHIE REFUSES TO EMIGRATE.

> "*Ibi tu calentem*
> *Debita sparges lacrima favillam*
> *Vatis amici.*"—CAR. II., 6.

MATTHIE, nae mair! ye'se gang your lane!
    Tak' my best wishes wi' ye,
An' may guid fortun' owre the main
    An' snugly settled see ye!
I wuss ye weel! the kintra's lairge,
    An ye're but twa wi' Mary;
Ye'll shortly hae the owner's chairge
    Nae doot o' half a prairie.
There's ample room in sic a park
    To foond a score o' nations,
An' flourish like a patriarch
    Amon' your generations.

But me may Scotland's bonnie hills
    Maintain to utmost auld age,
Leadin' my flocks by quiet rills,
    An' lingerin' thro' the gold age;
Untemptit wi' a foreign gain
    That mak's ye merely laird o't,
    An' thinkin' Scotland a' min' ain
    Tho' ownin' ne'er a yaird o't!

What hills are like the Ochil hills?
    There's nane sae green, tho' grander;
What rills are like the Ochil rills?
    Nane, nane on earth that wander!
There Spring returns amon' the sleet,
    Ere Winter's tack be near thro';
There Spring an' Simmer fain wad meet
    To tarry a' the year thro'!

An' there in green Glendevon's shade
    A grave at last be found me,
Wi' daisies growin' at my head
    An' Devon lingerin' round me!
Nae stane disfigurement o' grief
    Wi' lang narration rise there;
A line wad brawly serve, if brief,
    To tell the lave wha lies there.

But ony sculptur'd wecht o' stane
    Wad only overpow'r me;
A shepherd, musin' there his lane,
    Were meeter bendin' owre me.

HUGHIE CONSOLES ALLAN FOR THE LOSS OF HIS SON.

> "*Non semper foliis viduantur orni;
> Tu semper urges flebilibus modis
> Mysten ademptum.*"—CAR. II., 9.

IT'S winter wi' us here amang the mountains,
    Patient they stand wi' leaden clouds opprest;
Silent are a' the birds an' singin' fountains,
    Weary they seem, an' auld, an' wantin' rest.
The braes are white wi' snaw instead o' gowans;
    Sorrow an' Care gang murnin' doun the glen;
The wind is soughin' thro' the leafless rowans
    For beauty gane that canna come agen.

But wi' the spring auld Earth puts aff her murnins
    For a' her bonnie bairns that dee'd last year,
An' smiles as prood-like o' her braw new-born anes
    As if she neither kent regret nor fear.
Fra the bereavit boughs the young buds peep oot
    Till a' the wauken'd wud 's a wavin' green;
Fra the fa'en leaves below the wee flooers creep oot,
    Raxin' themsels an' openin' their een.

But wi' the comin' spring, my gude friend Allan,
    To you comes neither pleasure nor relief;
It winna bring ye back your auldest callan',
    It canna keep ye company in grief.
Sorrow like yours endures the dark December,
    Lasts an' ootlives the lauchin' licht o' May;
Nature forgets, but Man maun aye remember,
    Aye miss what's ta'en awa', and murn it aye.

An' yet, my friend, this loss, this gey ill-spar'd ane,
    Lies no' like a dead leaf, a lifeless thing;
It's mair like flooer-seed sawn intil a gairden
    Certain to rise a' radiant in the spring.
Tho' distant far that spring, its pleasures gaither
    Sweetness proportioned to the present pain;
Meanwhile, be to the faitherless a faither—
    In ithers' gude ye're sure to find your ain.

Note.—The Care and the Sorrow unite to form the Dolour, a tributary of the Devon. The glen referred to is a romantic ravine of the Ochils, directly under Castle Campbell.

HUGHIE IN LOVE WITH A SHREW.

"Urit grata protervitas."—CAR. I., 19.

I'VE nocht to wreak mysel' upon,
    An' wark I dinna fancy,
Sae I'll sit doun an' hae a groan
    Aboot my cruel Nancy.
She thraw'd her head when late yestreen
    I telt her I was deein'—
Either she disna care a preen,
    Or else she kens I'm leein'.

O Nancy, but your hert's as hard
    An' cauld as kirkyaird granite;
'Deed, whyles I think the nicht ill-starr'd
    That saw me brak' wi' Janet!
She's neither cuist me glance o' grace
    Nor shored me ceevil favour;
The wooer's is a dootfu' case
    That builds on that behavour!

Nae ither lad that awns a dug,
    But Sandie, ever socht her—
She flang a leglen at his lug,
    As weel's the nits he brocht her
She hasna tried thir tricks on me;
    She'd find it—no' sae chancy;
An' that's what gars me houp to see
    My waddin' day wi' Nancy!

HUGHIE'S ADVICE TO DAUVIT TO ENJOY THE FINE WEATHER.

*"Gratia cum nymphis geminisque sororibus audet
Ducere nuda choros."*—CAR. IV., 7.

AN' noo ance mair the Lomon'
  Has donn'd his mantle green,
An' we may gang a-roamin'
  Thro' the fields at e'en;

An' listen to the rustlin'
  O' green leaves i' the shaw,
An' hear the blackbird whistlin'
  Winter weel awa'.

Sae mild's the weather, Dauvit,
    That was but late sae bauld,
We gang withoot a grauvit
    Careless o' the cauld.

An' juist the tither nicht, man,
    Twa barefit Mays were seen
(It maun hae been a sicht, man!)
    Dancin' on the green.

It sets a body thinkin'
    Hoo quick the moments fly,
Hoo fast the days gang linkin'—
    Spring 'ill sune be by;

Then Simmer wi' the roses,
    Then Autumn wi' the grain;
Then Winter comes an' closes
    A' thing ance again!

An' yet, tho' short her range is,
    Dame Nature's never dune;
She just repeats the changes,
    Just renews the tune.

The auld mune to her ruin
    Gangs rowin' doon the sky,
When, swith, a braw bran new ane
    Cocks her horn on high!

Alas! when oor short mornin'
    Slides doun the slope to nicht,
There's neither tide nor turnin'
    Back to life an' licht.

We fa' as fell oor faithers
    Into the narra hame,
An' fog forgetfu' gaithers
    Owre oor very name.

But what needs a' this grievin'
    For griefs we dinna feel?
Let's leeve as lang's we're leevin',
    Lauch as lang's we're weel.

An' if it's gude i' gloamin'
    It's better sune than syne
To rise an' gang a-roamin'
    Noo the weather's fine.

HORACE IN HOMESPUN.

HUGHIE'S ANXIETY FOR DAVY ON THE SEAS.

*"Navis, quæ tibi creditum
Debes Virgilium."*—CAR. I., 3.

NOO a' ye winds, but ane, that rair
    An' revel on the deep,
Respeck for ance a poet's pray'r—
    Swith to your caves, an' sleep!
For Davy's sake, wha taks the tide
    This mornin', be commaundit:
There's fifty folk on Devonside
    That wuss him safely laundit.

An' you, wham only we excepp—
    Ahint his ship, an' blaw!
An' mind oor hearts are in that ship
    That carries him awa'!
We'll wauk the nicht upon oor hip
    If ye should mak' commotion,
An' think the hoose is Davy's ship
    An' Ochil earth the ocean!

Wha first to earth's green limits ran
    An' coveted the sea—
Wha first to bigg a ship began,
    A daurin' ane was he.
As seas an' surges owre him lash'd,
    An' monsters wallowed roond him,
Didna his speerit shrink abash'd,
    His hardihude confoond him?

Surely the oceans were design'd
    To separate the lands,
An' men in wisdom were confin'd
    In kindly kindred bands.
But mankind are a restless race,
    Aye seekin' new inventions,
An' warpin' a' the gifts o' grace
    Clean fra their first intentions.

HORACE IN HOMESPUN.

We gruppit steam: nae doot at first
    It lookit braw an' fine;
But mony a pat an boiler burst
    Has answer'd for't sin' syne.
We flew a draigon: an' the spark
    Obeys a bairn if need is;
But look at the mischeevous wark
    That's wrocht wi' thir torpeedies.

It's lang sin' pouther was fund oot;
    But we've dune weel oorsel'—
We've raised in dynamite, I doot,
    The mucklest deil in hell.
There's naething that we'll no' attemp'
    If danger but commend it;
We're mairchin' at a bonnie tramp—
    But, guidsake! what's to end it?

HUGHIE TAKES HIS EASE IN HIS INN.

*" Vates quid orat de patera novum
Fundens liquorem."*—CAR. I., 31.

Noo, by my croon, the sun sends doun
   Uncommon drouthy weather,
But here's an inn—if it were sin
   We'll spill a dram thegither!
An' while we sit an' rest oor fit,
   Surveyin' man's dominion,
We'll tak' a glance at things that chance,
   An' freely pass opinion.

Yon stookit grain that dots the plain—
   We canna ca' a lead o't;
The herd that strays on yonder braes—
   We canna claim a head o't.
It's no' in beeves an' baundit sheaves
   That we can coont oor wealth, Tam;
Yet, nane the less, there's happiness
   To puir folk wi' their health, Tam.

HORACE IN HOMESPUN.

There needs but sma' estate to ca
    Awa' the wants that fear folk,
While mony wares bring mony cares
    That never trouble puir folk.
An' for the yield o' hill or field—
    It's little that we're spar'd o't,
But to the ee it's juist as free
    To hiz as him that's laird o't.

Gie knaves their wine—this drink be mine,
    Auld Scotland's native brewin'!
O' this bereft, there's watter left,
    Wi' that we'll e'en be doin'!
Gie fules their braws—they've aiblins cause
    To be sae finely wrappit;
The man that's in a healthy skin
    He's brawly if he's happit.

Gie him a horse wha wants the force
    To drive his ain shanks' naigie;
What can he ken o' wud or glen,
    Or mountain wild an' craigie?
Wad Fortun' grant me what I want
    I'd pray for health o' body,
A healthy mind to sang inclin'd,
    An' nae distaste for toddy!

HUGHIE'S INVITATION TO A FRIEND IN THE CITY.

> "*Hic tibi copia*
> *Manabit ad plenum benigno*
> *Ruris honorum opulenta cornu.*"

OO Nature's wauken'd fra her trance,
An' sunbeams owre Lochleven glance,
An' soothlan' winds that blaw fra France
 Bring soothlan' weather,
An' lambs like fairy pownies prance
 Amang the heather.

Noo doun the rig the sawer swings,
An' Jock ahint the harrow sings;
Noo aff his plaid the shepherd flings
 An' cracks to Rover,
While a' the open upland rings
 Wi' whaup and plover.

This mornin' happy man is he
That on the Ochils rangin' free
Can thro' the blue lift send his ee
 Owre to the Lomon',
An' a' the pleasant prospect see
 An' envy no man.

That happy man—he's no' to seek!
That happy man—ye hear him speak!
He stands upon an Ochil peak
    An' looks wi' pity
On you that dwall amang the reek
    Doun i' the city.

Nae doot it's there the race is run
For walth an' honours, but the fun
'S to them that win, an' tho' ye've won
    Ye're apt to tine them;
The glory o' the settin' sun
    'Ill far ootshine them!

Come leave awhile the stoory toun,
The mill-horse track, the endless roun',
The jaded sicht, the jarrin' soun',
    The haste an' hurry,
An' look fra pastoral summits doun
    On Edinburgh.

Here a' your griefs to grund 'ill fa'
Like winter's blanket aff a wa'
When saft airs owre Damíat blaw
    An' skies are clearin',
An' yellow whin-blumes thro' the snaw
    Are blithely peerin'.

Or are ye shilpit, pale, an seeck?
Come up the brae an' bide a week,
An' drink the pure air at the peak
　　That's nearest heaven,
An' get a howp in ilka cheek
　　O' halesome livin'.

For what's the worth o' warld's gain
Unless the joys o' health remain?
Yet there are folk that strive, an' strain
　　Their strength unduly—
Wi' puir return for a' their pain,
　　To speak it truly.

Note.—Damiat is the loftiest height of the Ochil range. The Lomonds are a well-known range near Lochleven.

HUGHIE'S BACHELOR PARTY.

*"Da lunæ propere novæ,
Da noctis mediæ."*—CAR. III., 19.

Ay, here they come, thrang warstlin' up the brae
    Like sheep in single file,
No' ane o' them wi' langidge left—they're sae
    Forfoughen wi' their toil.

Tammy, ye're first—but tailors for a broose!
    Willie, my man, your paw!
Ye're pechan', Pate! Weel, Watty, what's the noos?
    An' Lowrie's last o' a'!

What! no a wird? Weel, stand an' tak' a breath,
    An' view the scene awhile;
I weel believe it, Pate, withoot the aith—
    It was that hin'most mile.

Ay, lads, ye're high—ye're up amang the groose;
    That was the muir-cock's craw!
But in! ye're welcome to the Shepherd's hoose;
    I'm gled to see ye a'.

Draw in your chairs—na! no' until I see
    Five auld frien's plantit richt!
An' noo, afore I fesh the barley-bree,
    Nae politics the nicht!

There's Watty wi' the budget in his wime—
    Noo, Watty, haud your haund;
The wise man says that a' thing has its time,
    But here—ye're aff your laund.

Gude-fallowship's the fashion i' the hills,
    An' fechtin' i' the toun:
If either Whig or Tory ventur'd till's—
    Man, we wad shute them doun!

Come, come! a bargain be't. An' hoo's your
    hoast?
        An' what's the price o' woo'?
Has Bauby gotten owre that bairn she lost?
        But was the deacon fu'?

        That whusky duty!—but we'll lat it be;
            It mayna get oor length!
        Here's to ye, Pate! Willie—it's wat your ee!
            Lad, that's the stuff for strength!

Here's a big bumper for us a' thegither!
    But wha's that at the pane?
The new mune keekin' in a kind o' swither!
    'Faith, we maun gie her ane!

Ane for the nicht; an' ane for Jock the cadger
    Wha brocht the tappit hen;
An' ane for him, tae, honest man! the gauger
    Wha lost himsel' i' glen!

Nae pressin'—na! ilk man should ken his score!
    A sober gauge is six!
There's watter in a stoup ahint the door
    For them that want to mix.

Na, but I'm blythe—I'm daft to see
    ye a'!
Lowrie, produce your flute,
We maun hae music;—first we'll take
    your blaw,
    An' syne a sang fra Pate.

Then in a chorus sang we'll soop the heather
    Till the waste places ring,
An' social coveys sleepin' soun' thegither
    Break aff on startled wing.

An' let that churlish Nawbal o' a fermer,
    Oor nippit neebor, hear;
An' lovely Abigail, as I may term her,
    That should be—Dauvit's dear!

O Tam, ye're happy in your love for Meg,
    Ye're blest—ye're free o' blame;
But I maun burn for what I daurna beg,—
    For her I daurna name!

Note.—The reference in the 9th stanza is to the increased duty on whisky, threatened by Mr Childers' Budget (1885).

HUGHIE AT THE MAIDEN'S WELL.

"Fies nobilium tu quoque fontium."—CAR. III., 13.

THOU bonnie modest mountain spring,
    That tinkles oot aneth a stane
An' seems to thy ainsel' to sing—
    For listener near is nane—

There's neither birk nor rowan tree
Bends owre thy brink to shelter thee,
An' but ae gowan fra the lea
    Has wandert here its lane.

I thocht nae cretur near enoo,
    Till, as I loutit doun to drink,
Awa' wi' flichterin' flurry flew
    A lintie fra the brink.
I'm dootfu' if it *was* a bird,
Sae still it sat afore it stirr'd,
Then, swifter than I'll say the wird,
    Gaed by me in a blink.

Was it the fairy o' the fount
    Disturbit in her maiden dream,
That, takin' fricht on my account
    Was startled fra her hame?
Thou lovely Thocht o' Solitude!
Nae mair will I wi' footstep rude,
An' harsh an' hasty wirds, intrude
    Upon thy haly stream.

Sae fare-thee-weel, sweet Maiden's Well!
    Baith sun and weet thy watters spare!
Thou minds me o' a maid thysel',
    Sae meek thy modest air.

Thy siller thread is hardly seen
Winding the solemn hills between,
Yet a' the way thy banks o' green
  Give proof that thou art there.

Note.—The Maiden's Well lies on the edge of the old bridle-path over the hills, about two miles behind Castle Campbell. Its beauty is in itself —cool, clear, and copious; *sine floribus*, yet not without its wreath of pastoral legend.

HUGHIE'S TESTIMONY TO THE WORTH O' AULD ELSPETH.

"*Immunis aram si tetigit manus.*"—CAR. III., 23.

MY gude auld Elspet, in your wee cot house,
   Cheerfu' i' mornin', an' at e'enin' douce
(For wark *is* cheery when a body's fain;
But aye wi' gloamin' mem'ry comes again
To mend the broken circle roond the ingle,
Lang silent voices wi' the winds to mingle,
To wauken passion in the patient hert
That canna, winna wi' thae visions pairt—
Till the fire gies a blink, an' a' are gane,
An' ye are left to sit your liefu' lane)
O lang an' weary is the widow's seat,
Scatter'd the bairns that play'd aboot her feet!
Wark is her comfort, busy she is blest;
But hoo, withoot her lov'd anes, can she rest?

But if an honour'd length o' usefu' days,
A kindly kintraside's respect an' praise,

A family worthy o' your ain gude name
Be ony solace—then, my gude auld dame,
That memory's yours; an' hopefully ye may
Look forrat to a fast-approachin' day.

What tho' nae kirk has biggit been by you,
Nor mission foondit for the black Hindoo?
Sterv'd beast or body did ye e'er forget?
Gaed ever beggar hungry fra your yett?
What clash was e'er repeatit by your tongue,
That kent but kindly coonsel for the young?
Wha has been ill here that ye haena mendit?
Wha has been seeck here that ye haena tendit?
This fashious toun lifts up its voice to bless ye,
An', when ye're ta'en awa, sair, sair 'ill miss ye!

Repine na, Elspet, that fell povertee
Hauds ye fra daein' a' the gude ye see;
Your sair-spared weekly bawbee in the plate
Is mair than thoosands fra the rich an' great.
Some think what gude wi' gowd they could hae wrocht,
But, sirs, they ne'er get farrer than the thocht.
There's wark for a', ready to ilka han',
An' Elspet aye, for ane, does what she can.

HUGHIE CONSOLES AND COUNSELS YOUNG NANNIE IN THE ABSENCE OF DAVIE.

*" Prima nocte domum claude, neque in vias
Sub cantu querulæ despice tibiæ.*—CAR. III., 7.

O DRY that tear that trickles doun
    For Davie owre the sea;
The fates 'ill keep him safe an soun',
    An' that for sake o' thee.
What pleasure wad it gie the fates
    To vex a hert like thine
Whas' only wish on Davie waits,
    Whas' hopes roun' Davie twine.

An' dinna wrang his faithfu' hert
    By dootin' if he's true;
Sweet Nannie! far owre fair thou art
    For him to brak' his voo.
Sweet Nannie! there's nae fairer face,
    Nor mair bewitchin' ee,
In ony frem'd or foreign place
    For Davie's een to see!

To thee he turns, for thee he toils,
    O' thee lies doun to dream,
Or wauks the nicht to coont the miles
    Between him an' his hame.
O dinna doot that Nannie's charms
    'Ill draw him owre the main
To Nannie's fond an' faithful arms
    An' Devon's banks again.

But, Nannie, hearken in your ear—
    It's kent to ane or twa
That hielant Donal' wad draw near
    Noo Davie's far awa.
An' sweetly soonds his pipe, it's true,
    When gloamin' gaithers dim—
'Faith! Dave has mair to fear fra you
    Than you've to fear fra him!

HUGHIE'S WADDIN' GIFT TO HIS FRIEND JAME.

" Ne quis modici transiliat munera Liberi."—CAR. I., 18.

YE'RE leavin' 's Jame! nae langer noo
    To rank amon' the wanters—
By way o' waddin' gift fra Hugh
    Accepp thir twa decanters.
They're fill'd wi' Scotland's noblest juice—
    An' whaur's a nobler liquor?
They'll aiblins help to heat your hoose,
    An' mak' your union siccar.

Ye'll hae your joys: John Barleycorn
    May wi' advantage share them!
Ye'll hae your griefs: fill up your horn—
    He'll gie ye hert to bear them!
Tak' aff your dram an' crack your joke
    Hoo-ever Fortun' vary;
It's only aye to watter folk
    She's cauldrife an' contrairy!

Ye're puir; but, Jamie, tak' nae thocht,—
　　The maist o' folk are born till't!
Dae weel; syne if ye're fash'd wi' ocht,
　　Lift up a hielant horn till't!
We've a' oor troubles mair or less,
　　But to cry oot—it's weak-like;
Regairdit thro' a social gless
　　The warld's nane sae bleak-like!

Yet, when ye at the board unbend
　　At nae unworthy season,
Be mindfu' aye to mak' an end
　　Conformable to reason.
For aince if owre the boon's they win,
　　The passions quickly speak oot,
An' secrets, that are safer in,
　　Are likelier then to leak oot.

Then self-indulgence, lang alloo'd,
　　Becomes a second nature
To change the mainner an' the mood,
　　An' e'en the very feature.
There's Rabbie wi' the muckle mooth
　　That married Meg that mantit—
He drank himsel' into a drooth,
　　An' noo he canna want it!

An' then there's gauger Pate—but he
    'S nae waur than what his wife is;
Ye'll read it in his blecken'd ee
    What *his* domestic life is.
Tak' warnin', Jamie, by their case,
    An' learn fra their example,
While pleasure's in the mod'rate use,
    The mod'rate use is ample.

HUGHIE'S MONUMENT.

"*Non omnis moriar.*"—CAR. III. 30.

IN vain the future snaps his fangs,
    The tyke may rage—he canna wrang's,
I put my haund upon my sangs
    Withoot a swither;
To me this monument belangs,
    I need nae ither.

It's no' in granite to endoor,
Sandstane comes ripplin' doon like stoor,
Marble—it canna stand the shoo'r,
    It lasts nae time;
There's naething yet has hauf the poo'r
    O' silly rhyme.

The pyramids hae tint their tale,
It's lang sin' they begoud to fail,
They're either murlin' doun to meal
    Or fog-enwrappit,
While Homer at this hoor's as hale
    As e'er he stappit.

Sae I may say't withoot a lee,
I dinna a'thegither dee;
Therefore forbear to greet for me
    When I'm awa,
An' keep a dry, a drouthie ee,
    I chairge ye a'.

When at my door the hearse draws up
An' Kate haunds roun' the dirgy-cup,
Nae friend o' mine will tak' a sup
    For that the less,
But calmly wi' a steady grup
    Cowp owre his gless.

The better pairt o' me remains!
Whaur Allan Watter weets the plains,
An' Devon, crystal but for rains,
    Gangs wanderin' wide,
Lang after me ye'll hear my strains
    On Ochilside.

HUGHIE FA'S IN WI' A FAIRY.

"*Vitas hinnuleo me similis, Chloe!*"—CAR. I., 23.

WHA'S aucht this bonnie bashfu' bairn
    Cooerin' her lane ahint the cairn?
        Whas' can the lassie be?
Or is't a fairy fra the fern
        Looks wonderin' oot on me?

Tell me, thou timorous mountain fay,
If that thy name an' lineage may
        By mortal mooth be speir'd!
The fient a wird she has to say—
        The lassie's dumb, or fear'd!

That heavin' breist, that startin' tear,
That glance as o' a huntit deer,
        That gentle hazel ee
Frozen sae wide—it maun be fear!
        But never fear o' me?

O' me wham every collie kens?
Whas' grozer-busses mak' amen's
        For scarcity o' crap

By chirpin' sprogs, an' cheerfu' weans
    That jink me at the slap?

My silly sheep are weel aware
Their comfort is my only care,
    An' follow whaur I lead,
Sure o' a warmer-tempered air
    An' greener place to feed.

Nor beast nor body, big nor wee,
Ever afore mistrustit me,
    That ever yet cam' near me;
What is't aboot me startles *thee*,
    An' gars thee seem to fear me?

Is it that thy owre-carefu' granny
Has telt thee men-folk arena canny—
    Their very friendship fraud?
I'd hae thee think, my sweet young Nanny,
    We're no sae ill's we're ca'd!

Wimmen are angels, I alloo—
But angels' brithers canna boo
    To be set doun as feends!
Think better o' breek folk!—an' noo
    Come oot, an' lat's be freends!

HUGHIE'S HAPPINESS BASED ON CONTENTMENT.

*" Scandit æratas vitiosa naves
Cura."*—CAR. II. 16.

WHAT think ye's the end that puir mortals should seek
    In this weary warstle fra week on to week?
The young folk think pleasure, nae doot, wad be best,
But we, wha are aulder, are lookin' for rest.

Owre sune like a cludd in a clear mornin' sky
Comes black-á-viced Care, an' he winna gang by;
Rin fast an' rin farrer, he hauds by your side,
An' whaur ye sit doun he's determined to bide.

There's some think to jink him by crossin' the sea
To the balm-breathin' shores o' a far countree;
But he sits in their sails as they speed owre the faem,
An' croaks their first welcome awa fra their hame.

He's the happiest man that gangs his ain gate
Unmindfu' o' fortun' and fearless o' fate;

Tho' little he owns, he ne'er grummles for mair,
Nor grudges his better-ser'd neebors their share.

There's you wi' your crap-land an' pastoral knowes,
Your corn an' your clover, your lambs an' your yowes;
An' me—a bit kailyaird's the head o' my lan',
Yet whil' o' the twa o' 's the happier man?

HUGHIE THINKS HIMSELF NOW TOO OLD FOR LOVE.

*"Nocturnis ego somniis,
  Jam captam teneo, jam volucrem sequor."*—CAR. IV. 1.

O HAUD awa' thae lowin' een!
　　I canna bide their licht,
I'm no' sae young as I hae been,
　　Nor near sae strong o' sicht.
I'm wearin' near twa score an' ten—
　　It's mair becomin' me
To think upon my latter en';
　　In pity, lat me be!

There's Sandie wad be liker ye,
　　A dacent honest lad;
He's growin' like his nowte awee,
　　But, hoot! he's no' that bad.
He's a weel-daein' chield, an' douce,
　　An' wants a wife forbye,
An' mind he has a snod bit house
　　An' twa-three gude milk kye.

He'll busk ye juist as braw, nae doot,
    An' cheaper than anither—
He'll hae a gude wheen claes aboot
    Belangin' to his mither.
Then dinna fling awa' your smiles
    (Ye'd fling whate'er cam' handy
At ony o' 's, I've noticed, whyles!)
    But keep them a' for Sandie.

For me, I howp the comin' years
    Are calmer than I've seen yet;
Yet why, ah! why will hidden tears
    Unbidden fill my een yet?
Thee still in dreams by night I view,
    Thee flying o'er the plain,
Thee, cruel Peggy! I pursue
    O'er rolling seas in vain!

HUGHIE LECTURES A VAIN OLD MAID.

*"Fis anus, et tamen
Vis formosa videri."*—CAR. IV. 13.

EH, Nance! this is a sair come-doun;
  An' ye were ance sae braw,
The pridefu'est lass in a' the toon,
  Coortit by ane an' a'!
Ay, wumman, at oor time o' life
Thae youthfu' memories are rife—
Surely ye winna yet maintain
Your courtin' days are no by-gane?

Ye ken your raven ringlets noo
  Are grizzle-grey or white,
Your een are blear'd that were sae blue
  An' sparkled sae wi' spite.
Wha wad prefer your runkled chaft
To rosy Meg's, sae smooth an' saft?
An', faith, to ca' your crackit quaver
Melodious noo is juist a haver!

But bonnie Meg can lilt fu' weel
  Wi' that bit modest mou',
An', while she warbles, whaur's the chiel'
  Wad lend a lug to you?
Ye needna fash to busk yersel',
For what ye've on there's nane could tell:
Lay by your silks an' pearlins noo,
A worset goon's the liker you.

Your looks that were sae bauld an' free,
  Your bloom that was sae bonnie—
Ance, an ye mind, they maister'd me;
  I was as daft as ony!
Ay! nane but Bess cam' near ye than,—
An' this is Bess's second man,
While you—ye're never oot i' bit,
An' dressin' like a young lass yet!

HUGHIE FLATTERS SAUNDERS WITH AN IRONICAL DESCRIPTION OF HIMSELF.

*"Nec si quid olim lusit Anacreon,
Delevit ætas."*—CAR. IV. 9.

I TUNE my pipe to Doric strains
 Wi' great gude will, an' meikle pains,
Altho' my skill be like my gains—
  Baith unco sma';
An' yet a something tae remains
  Aboon the blaw.

It's no' for a' the pipin' crew
To blaw sic strains as Robbie blew;
It's no' for ilka bard to pu'
  A branch sae green
As cleeds wi' laurel Robbie's broo
  Doun to the een.

Yet humbler menstrils hae their meed;
There's Allan wi' his rural reed,
An' Fergusson, sae bauld to lead,
  Sae sune to fa',
An' Jamie Hogg, a border breed,
  An' Paisley's twa.

HORACE IN HOMESPUN.

Forbye the bards that aulder are,
Like Barbour, Douglas, an' Dunbar,
An' Lyndsay—wha in Fife wad daur
      His name forget?
A' haill, an' scarce a hair the waur,
      An' pipin' yet!

Such recompense the Muses gie
The Makkars a' in their degree,
That neither they themsels' can dee,
      Nor what they notice;
While what they slicht, or dinna see,
      Quickly forgot is.

Brave men were born afore the Bruce;
An' mony an auld heroic Hoose
Has slippit through Oblivion's sluice,
      An' ne'er a wird o't!
They did braw things to little use—
      We never heard o't!

An', therefore, Saunders, when ye gang,—
But late may that day be, an' lang!
I promise ye a burr'al sang
      As sune's we've tint ye,
To keep your name amon' the thrang
      That comes ahint ye.

I'll tell them o' your noble hert,
An' hoo ye took the puir man's pairt,
An' garr'd a greedy rascal smairt,
  A graspin' cratur';
I'll spread abroad wi' a' my airt
  Your generous natur'.

I'll sing your noble confidence
An' trust in man; your common sense
That lat ye see thro' a' pretence,
  Yet smile to see 't;
I'll sing the virtues that gaed hence
  When Saunders dee'd.

[*Per Contra.*—Rin, little postscripp, rin an' tell
That Saunders as he's drawn 's a sell,
For Saunders crams into a shell
  His sordid natur',
Cheats, an' distrusts, an' is himsel
  The graspin' cratur'!]

Note.—By "Paisley's Twa," Hugh probably intends Alexander Wilson, and Tannahill.

HUGHIE'S WINTER EXCUSE FOR A DRAM.

"*Vides ut alta stet nive candidum
Soracte.*"—CAR. I., 9.

FRA whaur ye hing, my cauldrife frien',
    Your blue neb owre the lowe,
A snawy nichtcap may be seen
    Upon Benarty's pow;
An' snaw upon the auld gean stump,
    Whas' frostit branches hang
Oot-owre the dyke abune the pump
    That's gane clean aff the fang.
The pump that half the toun's folk ser'd,
    It winna gie a jaw,
An' rouch, I ken, sall be your beard
    Until there comes a thaw!

Come, reenge the ribs, an' let the heat
    Doun to oor tinglin' taes;
Clap on a gude Kinaskit peat
    An' let us see a blaze.
An' since o' watter we are scant
    Fess ben the barley-bree—
A nebfu' baith we sanna want
    To wet oor whistles wi'!
Noo let the winds o' Winter blaw
    Owre Scotland's hills an' plains,
It maitters nocht to us ava—
    We've simmer in oor veins!

The pooers o' Nature, wind an' snaw,
    Are far abune oor fit,
But while we scoog them, let them blaw;
    We'll aye hae simmer yet.
An' sae wi' Fortune's blasts, my frien',—
    They'll come an' bide at will,
But we can scoog ahint a screen
    An' jook their fury still.
Then happy ilka day that comes,
    An' glorious ilka nicht;
The present doesna fash oor thooms,
    The future needna fricht!

The future!—man, there's joys in store,
    An' joys ye little ken,
The warld has prov'd them sweet afore,
    The warld will again!
The lasses, min! the dearest gift
    An' treasure time can gie—
Here's to the love that lichts the lift
    O' woman's witchin' ee!
An' vainly till that licht expire
    Should storm or winter low'r—
It's sune aneuch to seek the fire
    When simmer days are owre!

Note.—Kinaskit, as its inhabitants pronounce Kinnesswood, is a small village at the foot of the Lomond Hill and not far from Lochleven. In its neighbourhood is a small peat moss, from which the surrounding villages and farm-towns used to be supplied with fuel. To the student of English literature the village of Kinnesswood has other associations—those, namely, connected with Michael Bruce.

HUGHIE IN MURNINS: HE LAMENTS THE LOSS O' HIS FRIEN' ANDRO.

*"Ergo Quinctilium perpetuus sopor
Urget!"*—CAR. I. 24,

WHAT man or minister 'ill dare
Haud oot his haund, an' cry *Forbear!*
This wild, this waefu' sorrow spare;
It's Nature's debt?
But I will baund an' weepers wear
For Andro yet!

O for the wail o' Autumn wun's,
An' trees, an' seas, an' settin' suns,
An' melancholy muirlan' whuns,
An' hillside sadness!
O for the greetin' voice that runs
Thro' Nature's gladness!

So Andro's gane! the last lang sleep
Has fa'en upon him, an' he's deep!
An' noo he doesna hear a cheep
    O' a' we're talkin';
An' we in vain a watch wad keep
    For him to wauken.

It's no' the stroke, tho' fell an' grim,
The bosom cauld, the moveless limb,
That melt an' mak oor een sae dim,
    Oor hert sae sair—
But oh! what virtues sleep wi' him
    That's lyin' there!

He was sae modest an' sae true—
Truth was engraven on his broo!
Strict wi' himsel', an' slack wi' you,
    An' even-mindit—
His peer, search a' the warl' thro',
    Ye wadna find it!

An' noo he's gane! he's crost the mark
Atween us an' that ocean dark,
Whauron some day oor ain frail bark
    Maun sink or sail;
But here nae mair we'll hear or hark
    His kindly hail.

HUGHIE DRIVEN IN BY A TEMPEST: HE DEFIES THE ELEMENTS FROM BEHIND A JORUM.

"Rapiamus, amici,
Occasionem de die, dumque virent genua."—CAR. V., 13.

AN angry tempest, roarin' lood,
    Is broken lowse an' ragin' free;
The knock-wud groans wi' anguish boo'd,
    An' rocks an' writhes the moanin' sea.
    See whaur in whirlin' shooers they flee,
The sprays o' ocean, owre the main!
    See whaur the leaves o' buss an' tree
Gang streamin', streamin' owre the plain!

Let's tak occasion fra the day
    To triumph owre a thrawart fate,
An', ere auld age forbids we may,
    Assert oor independent state.
    The wun's that at the wundie beat
May tame the tod an' cowe the craw;
    But we, wha rank a higher rate,
Will lauch at Winter's wildest blaw!

Bring oot the jorum! there's a drap
  That should be gurglin' i' the wime o't;
An', while the storm flees owre oor tap,
  We'll toom the cog, an' hae a time o't!
  A cheerfu' quaich—an' whaur's the crime o't?
Or mebbe twa—we'll no' get fou!
  Droon Daddy Care, an' mak' a rhyme o't,
An' face the warl' the morn anew!

HUGHIE'S VIEWS ON SOLDIERING.

> "*Nos prælia virginum
> Sectis in juvenes unguibus acrium
> Cantamus.*"—CAR. I., 6.

WAR'S broken oot, an' the toon's wives are skirlin',
    An' Jock maun awa' to the muster at Stirlin'.

A douce lad, Jock, when he lived wi' 's here,
Stappin' aboot in his plooman's gear,
An' whustlin' blithe on his native braes—
But a deevil for fechtin' in scarlet claes!

Nae doot he's braw wi' his sabretache
White gloves, steel sword, an' a stiff mustache,
An' lang strippit-breeks—faith, a strappin' chiel,
Wi' a silver spur like a star at his heel!

But I'm no' at hame in the haunts o' weir,
Wi' its gibbles strange, an' its gibberish queer,
Wi' its "limber" here, an' "echelong" there,
Its "parks" an' "parades," an' kens what mair.

I'd like very weel to descrive it a'
For the sake o' Jock, for he looks sae braw,
But I micht gang wrang in a form or a phrase
An' earn Jock's wrath for the rest o' my days.

The soger-boys are a sicht to see,
But their style o' fechtin' 's no' for me—
Wi' their blawin' ye up, an' their ca'in' ye roun',
An' their stickin' ye dead when they get ye doun!

The only fechtin' I care aboot
Is when a Meg wi' her jo fa's oot—
She lowses upon him a tinkler jaw
An' rugs his hair; an' he bears it a';
An' it's a' made up in an 'oor or twa!

HUGHIE'S SPRING SUNSHINE DASHED WI' SHADOW.

"*Solvitur acris hiems gratâ vice veris et Favoni.*"—CAR. I., 4.

THE winter ice is breakin' up,
    The wast wind whistlin' cracks his whup,
An' noo ye hear their *Hi! woa! h'up!*
       (Pleasant the hearin'!)
As plooman-lads wi' steady grup
    Draw oot their feerin'.

An' now ere lang we'll see the flooers
Drawn fra the divots by the shooers,
An' saft winds hing the plantin' booers
    Wi' leaves that rustle,
An' lav'rocks to the lift a' 'oors
    Flee up, an' whistle.

It's braw an' blithesome i' the spring
To see the joy o' everything:
Dance, bairns an' bodies! loup an' sing!
    Ye dae't wi' reason;
Whatever joyous thocht ye bring,
    It comes in season.

Dance while ye can, sing while ye may,
For human life 's a short-liv'd day;
Owre sune, owre sune the gloamin' gray
    Creeps cauld athort it,
An' we oor limbs to rest maun lay
    Whaur late we sportit!

HUGHIE'S ADVICE TO TAMMIE TO LIVE LESS FOR THE FUTURE AND MORE FOR THE PRESENT.

" Carpe diem!"—CAR. I., 11.

GIE owre thae wild uncanny looks,
   That trokin' wi' the deevil's books,
That doctorin' o' yoursel' wi' simples
(It only fills your face wi' pimples!)
An' learn to live like ither folk
Whas' trust is in their aitmeal poke!

Ye winna grow ae bit the stronger,
Ye winna live ae 'oor the langer,
For a' your deep-laid calculations,
Your cairds an' left-loof consultations,
Your herbs an' drogs, your drinks an' plaisters,
An' a' your ither unkent slaisters!
Ye'll live nae langer an' nae less
Than a' your days, ye maun confess.

But surely it's the manlier gate
To wait wi' patience on your fate—
To sup your parritch, tak' your smoke,
An' dee at last like ither folk!

This eager wish o' yours to scan
The future—will't prolong your span?
It's far frae gude, it's doonricht bad
Half-irreligious an' half-mad!

What better wad ye be to ken
Hoo mony years ye've yet to spen'?
For what there's o't ye couldna strengthen 't,
An' owre the score ye couldna lengthen 't!
Ye'd only live a life dementit,
An' dee alane an' unlamentit.

Tammy, my man! tak' my advice,
An' follow 't, an' we'll ca' ye wice:
Draw in your hopes, an' keep your fears
Commensurate wi' a mortal's years;
Enjoy the present—crack your joke
An' tak' your dram wi' sober folk,
An' dinna grieve the passin' 'oors
By wonderin' if the future's yours!

HUGHIE'S FLIGHT AS AN EAGLE.

"*Jam jam residunt cruribus aspera.*"—CAR. II., 20.

THE bards are birds an' born to flee!
 If I were ane, an' choice were free,
I'd be an Eagle! wha but he
  To rule the air!
The very sun wi' open ee
  He can ootstare!

His flicht is owre the cluds o' heaven,
He screams abune the flashin' levin
That sends the wee fools, terror-driven,
  Hame when they see't;
The heichest hills are thunder-riven
  Aneth his feet!

Nae peer has he; an' wha wad daur
The rushin' o' his wings in war?
Or seek wi' impious bolt to bar
  His plumag'd pride?
Nae fear has he; his flicht is far,
  His empire wide.

HORACE IN HOMESPUN.

Already doun my sides I feel
The feathers creepin'! on my heel
A spur sticks oot as sharp as steel!
      My wings are risin'!
I'm ready for the lift! fareweel!
      I'm aff, bird-guizin'.

Wi' ae waff o' my wings I soar
A mile abune the city's roar;
Then round the globe, shore after shore,
      Wi' pinions regal,
I flee a strang flicht wi' the core,
      A brither eagle!

Homer flees first—for wha wad seek
To tak' that honour fra the Greek?
Then Pindar wi' triumphant beak
      An' bluidy talons,—
Tho', whyles, he whummles wi' a shriek
      Clean aff his balance!

Then comes a lower flicht, but still
Far, far abune oor loftiest hill;
Yon's Virgil wi' his weel-preen'd quill
      Alangside Horace;
A band o' Eaglets screamin' shrill
      Comes next in chorus.

But wha is this wi' brunt ee-bree,
An' scowther'd on the wings awee?
It's Dante: he delichts to flee
    A' by himsel'.
The fire that's in his flamin' ee
    He stole fra hell!

An' yonder, noo, ye may descry
Shakespeare an' Milton ridin' by,
Dimmin' the haill dome o' the sky,
    Their ain dominion;
While far within their shadow I
    Streek oot my pinion.

But yet it's grand to sail the air
Altho' a mile aneth the pair,—
To flap your wings owre yearthly care,
    Owre kirk an' steeple,
An' see them point Lo here! lo there!
    The gapin' people.

Nae mound nor monument for me!
An Eagle-poet canna dee!
But when the lightnin' flashes free,
    The tempest sings,
Look up, an' in the tumult see
    My soaring wings!

HUGHIE OFFERS HIS CONSOLATION TO HIS SISTER MEENIE, WHAS' HEART IS WI' DONAL' IN LOCHIEL.

> "*Miserarum est neque amori dare ludum neque dulci*
> *Mala vino lavere, ant exanimari metuentes*
> *Patruæ verbera linguæ.*—CAR. III., 12.

'OD, Meenie, but I'm vext for ye!
  A lad could better thole, ye see,
    The pangs o' love unspoken,
For he could speak, an' he could pree
    A gless hooe'er hert-broken!

But you, puir wumman! need to bide
Tongue-tied aboot the ingleside,
    Baith dowff an' dowie, hearin'
Girnin' auld Nance, as gleg as gley'd,
    Your ailment sweetly speirin'!

'Deed, Donal' is a stately chiel'!
There's no' a keeper in Lochiel
    Sae brisk-like or sae daurin';
Gin ye should wale a lad, atweel
    Ye micht hae waled a waur ane!

The loch he'll soum to conquer there
The stag that stands in fierce despair
    'Mang seggs sae eerie soughin'!
He'll rouse the wild cat fra her lair
    To mak' o' her a spleuchan!

In fack he *is* a wiselike lad:
But mony as gude are to be had;
    An' ye maun mind, my dawtie,
Tho' Nance is an ill-natured jaud,
    Ye've been a wee thing fauty.

When dreigh an' dreary doun ye sit,
Up wi' your wires, an' knit, an' knit,—
    Ye'd wonder, withoot jokin,'
Hoo muckle ravell'd care ye'll pit
    Awa' into a stockin'!

HUGHIE REMONSTRATES WITH DAVIE—A DOUR CRITIC.

"Si me lyricis vatibus inseres!"—CAR. I., 1.

MAN, Davie, had I but the ert
    To pierce that stane ye ca' your hert
Wi' the clear dart o' poesie,
A prooder man there wadna be.
For weel it's kent thro' a' the toun
That nane can rise that ye ca' doun;
While him that by the haund ye tak'—
He'll neither fame nor fortune lack;
His ballants—thro' the touns they'll cry them
An' weaver bodies rin to buy them.

There's twa-three praise me, tae, it's true,
But what are they when wantin' you?
There's Johnny o' the Windyknowe—
A blessin' on his auld beld pow!
Wi' kindly hail whene'er he meets me
He grips me by the haund, an' greets me.
"Shakspere!" says Johnnie, "gie's a swatch o't!
Weel dune, my bairn! ye hae the catch o't—

This dings the lave!" But that's nae test,
For aye wi' him the last 's the best!

There's Geordie, tae, my second cousin—
His praise is waur to me than pousin;
He kens a stirk, but for a sang
He's never richt but when he's wrang!

There's a few mair that I could name,
There's Tam the farrier, an' Jame;
But Jame's my brither, an' for Tam—
Ye'll buy his judgment wi' a dram.

Man, Davie! if ye wad but praise me,
Ye wad' as wi' a windlas raise me
Oot o' the slough o' doot I'm in,
An' set me on a road to rin!

Just cast your e'en abroad an' see
Hoo everybody's pleased but me;
They've a' some hobby to amuse them,
Folk to look on an' frien's to roose them,
An' weel contentit there they ride,
An' lauch, an' let the warld slide.
An' I ana' wad hae my treasure,
An' poetry wad be my pleasure,

If ye wad only bend your ee
An' blink approval ance on me!

    To be a bandsman pleases some,
    To toot the horn or beat the drum;
    Even little Jock that ca's the mangle —
    Saturday comes, an' the triangle,
    An' then sae manfu' as he strides
    An' tingles on its yetlan' sides!
    An' weel ye ken that Pate Macdougal
    Wad blaw his sowl into a bugle;
    That thrice thro' jealousy the wife
    O' Dempster kickit Dempster's fife;
    An' weel-a-wat the coonty kens
    When Sandie Brand ca'd oot the brains
    O' his black fiddle at the fair,
An' swore he ne'er wad fiddle mair—
Altho' he "d——d if *he* was carin',"
Sober he sabbit like a bairn!

Ithers again for weeks are chammber'd
Glowerin' wi' hawks' een on a damberd.

Some at the gowfin' spend their leisure.
To some the rifle range gie's pleasure.
Quoits or the puttin' stane has charms
For steady een an' sturdy arms.

O then to see oor noble smith
Tak' up the ball to prove his pith!
Hark hoo it whizzes thro' the air—
He's foremost by an ell or mair.
The slater, tae, we maunna slicht,—
He drave the pin clean oot o' sicht,
An' when wi' shools they howkit for 't,
Darkness cam' on, an' spoiled the sport.
Nane to this day can understand it—
They howkit, but they never fand it!

For me—gin I had but the ert
To pierce that whinstane o' your hert
An' bring the sparkle to your ee—
A happier man there wadna be!
Noo, Davie, dinna crook your mou'—
A wird o' praise is sweet fra you!

HUGHIE'S BELIEF IN PRESENT DUTY.

*" Vina liques, et spatio brevi
Spem longam reseces."*—CAR. I., 11.

IT wasna meant that mortal men
   Should read the deevil's books to ken
(What they can never comprehen')
The secret o' their hinner en'.

The nobler gate o't were to spen'
The scriptural threescore years an' ten,
Or less or mair, as Heaven may sen',
In present duty to the en'.

For, let us sum up what we ken;
The present—weel, that's oors to spen;
The past—that canna come agen;
The future—that's for Heaven to len'.

Than this, we'll get nae farrer ben;
An' sae, like reasonable men,
Let's keep oor hopes within oor ken;
An' noo—produce the tappit hen!

HUGHIE UPON HUMAN CONDUCT.

"*Memento . . . . moriture Delli!*"—CAR. II., 3.

YOUNG man, wha at the gates o' life
    Are bauldly pushing forward,
Forgetna in the fash o' strife
    That a' your days are order'd.
There's mony a quest'on greatly vext,
    An' mony a truth disputit,
But that we a' maun dee 's a text
    Nae sceptic ever dootit.

There's some that groan wi' gather'd cares
    Like grief-opprest Cassandras,
An' some that jig like fules at fairs
    An' mock like merry-Andros
But hoo should we comport oorsels,
    As life we journey thro' it?
Or wha that kens will rise an' tell 's
    The wisest way to view it?

We'll let that halesome text, as God,
    There's little doot, design'd it,
Come like a caution on the road
    To keep us even-mindit;
To save us in oor prosperous days
    From insolent offending,
An' whisper in the midst o' waes
    That they too have an ending.

It's no' the pairt, but hoo we ack
    That judgment 'ill be past on;
It's no' the red coat nor the black,
    It's no' what we had last on.
That—only that's deservin' praise
    That we hae dune oor best in;
The place is but the player's claes,
    The conduck is the quest'on.

HUGHIE AT THE SMIDDY—A DRAMATIC IDYLL.

"*Ille terrarum mihi præter omnes
Angulus ridet.*"—CAR. II., 6.

The Smithy—Evening.
SMITH. THREE PLOUGHMEN. *Enter* HUGH.

PART I.

Hugh—Noo, billies, ken ye what's the steer?
1st Ploughman—Dave's listed.
2nd Ploughman— Lowrie's on the beer.
3rd Ploughman—Nick's cut his throat.

Hugh— The gude be here,
An' guard an bless us!
There's scandal for a lang loup-year—
Gie owre your guesses!

Blacksmith, ye'll mind o' Geordie Sym—
He cam' the day!
Smith— Lang Geordie?
Hugh— Him.
Smith—I mind him weel—lang, lowse, an' slim;
The wind could bend him.
Hugh—Ay; but he's back in ither trim
Than ance we kenn'd him.

Smith—What's that?
Hugh— Ou, brawny, big, an' weel;
Beard like a buss, kite like a creel,
As roond an' soond as ony wheel
Ye ever chappit—
A buirdly, business, wice-like chiel
As ever stappit.

Smith—An' weel pat on?
Hugh— The best o' claith;
Coat, breeks—the wast o' England baith;
An' gowd—

1st Pl.—   Noo, Hughie, tak' a breath!
2nd Pl.—   An' gie's 't in plenty!
3rd Pl.—Ca't thoosan's!
  Hugh—   Weel, I'll tak an aith
                    At least it's twenty.

1st Pl.—Gude measure!
2nd Pl.—   Lippin'!
3rd Pl.—   To the brim!
  Smith—An' wha's he this? Lang Geordie Sym?
          This man o' size an' substance, him
                    That aye gaed fleein'?
          'Faith, Hughie, ye're in famous trim
                    The nicht for leein'!

          Come, steer aboot! wha's aucht this gear?
          What's wantit wi' the sock-neb here?
1st Pl.—Mair laund. A chap or twa wad near
                    Do a' that's wantit.
  Smith—Hughie, we'll no' juist ca' ye lear—
                    Tak' it for grantit!

  Hugh—That's ceevil! Weel, it's what I ken
          That Geordie's rich amon' rich men,

Has siller baith to spare an' spen',
                An' speaks forbye
O' flocks at the far warl's en',
                An' droves o' kye.

His farm's a coonty, an' his sheep
The coonty boon's can hardly keep;
He says a telescope micht sweep
                His ootmost border,
But ae inch owre it couldna peep,
                Tho' made to order!

An' then his sheep—
2nd Pl.—   Wow! but it's graund
To hear o' sic a sicht o' laund!
What say ye, chaps? we'll mak' a baund,
                An' owre the ocean!
1st Pl.—But hoolie! an' let's understaund—
                Whaur's this new Goshen?

Hugh—It's on the underside i' warl'—
Smith—Ay, man? Hoo dae they stick?
Hugh—   Daft carle!
This earth's a kind o' whirlin' barr'l,
                Some up, some under;
It's time aboot wi' ilka wharl,
                An' whaur's the wonder?

Owstralia's up when Scotland's doun,
An' that's when we're a' sleepin' soun',
But i' the nicht time we're ca'd roun',
   An' i' the mornin'
We're up, **an'** at oor wark, to croon
    The day's adornin'!

3rd Pl.—Man, Hughie, but ye've rowth **o' wirds**,
  They carve the subjec'-theme like swirds—
  Tell us what kin' **o' beas' an' birds**
    Live thereawa'.
2nd Pl.—An' what they gie their hinds an' herds.
1st Pl.—   Just oot wi't a'.

Hugh—Weel, first, **they've neither craws nor doos**,
  But eraturs they ca' **cockatoos**;
  An' then for beas', they've kangaroos
    An' aborigins;
  The folk's a mixtur', I jaloose,
    O' a' religions,

  But brithers a'—there's nae pretence;
  An' then the kintra's sae immense,
  Ye'll get a farm at sma' expense,
    An' hoose to sleep in;
  In fac', ye juist rin oot your fence
    An' ca' your sheep in.

There's nane to steer ye whaur ye sattle,
An' there they breed like Jacob's cattle,
Till to the boon's they spread an' sprattle,
   Then—owre they rin
Whaur neither fence o' wire nor wattle
   Can haud them in.

O then what muntin' an' what ridin'
The gressy wildernesses wide in,
To herd the flocks that winna bide in,
   An' keep them clear!
There's nae sic guardin' or sic guidin'
   O' cattle here.

The shepherds i' the saiddle sleep,
The plains are populous wi' sheep,
The haill horizon seems to creep,
   An' far ayont it
They haena even time to keep
   The cattle coontit!

Owre a' the region, far an' near,
There's bleatin' there, an' baain' here;
Then comes the crap-time o' the year
   When packs are made up,
An' gowpenfu's o' gowden gear
   Are snugly laid up.

In this way lang lowse Geordie even
Has grown a man o' means, an' **thriven,**
Staunds twa ell straucht, **an' lifts to heaven**
        A half-ell beard,
An' looks as life-like an' **as livin'**
        As ony laird.

Part II.

Smithy as before. Later evening.

SMITH. HUGH. THREE PLOUGHMEN.

Outside at half-door, A TALL STRANGER, *with a half-ell beard, leading a Saddle-horse.*

Tall Stranger—Who owns this hole? Holloa there—you! Blacksmith or blackguard!

Smith— What's ado?

Hugh—It's him! it's Geordie!

Tall St.— Horse to shoe!
And look out—there's 't!
(*Quoiting in the iron.*)
Smith—Man, folk hae time to dicht their mou'
I' th' heat o' hairst!

Ca' in your naig! (*Enter Tall Stranger.*)
Hugh— It's Maister Sym!
Noo, blacksmith, say 't!
Smith— Hughie, it's him!
'Faith, Sir, ye come in ither trim
Than ance I've kent ye—
Sym—That's years ago!
Smith— —lang, lowse, an' slim!
Ay, sir, it's twenty!

Sym—Twenty?—a hundred! *You* don't know
How much your country clock's gone slow.
Well, Hugh? What is't to be then? Go?
Or stay and sterve here?
"Ay" means—well, look at me! And "no,"
For ever serve here.

I leave, and soon; and not again
To seek old Scotland o'er the main;

My home's on yon Australian plain,
    My hopes are yonder;
Why, man, a County breadth's my ain—
    What needs your wonder?

What has old Scotland done for me?
Hugh—At least she ga'e ye brains.
Sym—   May *be*!
Hugh—An' banes; an' bu'k.
Sym—   Na—that's a lee,
    The hin'most half o't!
The shank she ga'e me for a thie,
    I made a staff o't!

Well, and what else? No more, I trow,
But hip-room on a thistly knowe,
Or scartin' rocks ahint a plow,
    For a rich neighbour—
Out yonder, lads, there's room to grow
    An' wealth for labour!

Take my advice—ye'll ne'er repent it;
Your country's yonder if ye kent it;
There's Burn-the-wind—he's nearhand faintit
    Ca'in' a shoe on!

　　　　　　At *his* age yonder—
Smith— 　　　　　　　　*He's* contentit;
　　　　　　Be joggin' *you* on!

　　　　　There stands your naig.
Sym (giving silver)—　　　And there's your pay.
　　　　　So, Hughie, you elect to stay—
　　　　　Well, wilful man will have his way.
　　　　　　　　Good-by—but think on 't.
　　　　　　　　　　(*Mounts and rides off.*)
Smith (*looking into his loof*)—A croon!
1st *Pl.*—　　　　　　He rides a bonnie gray.
Smith—　　　　We'se ha'e a drink on't!
　　　(*Boy at bellows despatched with pig.*)

2nd *Pl.*—He'd gar ye troo it was a wrang
　　　To breathe in Scotland.
3rd *Pl. (to Hugh)*—　　　　Will ye gang?
Hugh—I've lo'ed auld Scotland far owre lang,
　　　　Heart-thirled till her!
　　　An' what's the gospel o' his sang
　　　　　But only siller?

　　　Na, na! that wasna in the plan,
　　　That's no' the great chief end o' man,
　　　It's no' get a' the gear ye can
　　　　　An' syne content ye;

But lift what's lyin' to your han'—
    Aneu's a plenty.

As sweet to me amang the knowes
Whaur Devon's caller current rows
To lead the lambs an' ca' the yowes
    As to commaund them,
As sweet to view the hechts an' howes
    As if I awn'd them.

Nae fairer warl' I wuss to view,
Nae loftier path wad I pursue,
Nae trustier friends than you, an' you,
    I care to hae;
An' here I wad gang slippin' thro',
    E'en as I dae.

Here as my mortal hopes expire,
And ilka earth-born dear desire
Dees oot, as dees the desert fire,
    Let tranquil age
Attend me thro' the creepin' tire
    O' life's last stage.

Here let the sicht o' hill an' field
The fragrance o' my youth-time yield;

Here let me totter doun to eild,
                An' find a grave here—
What ither than a gowany bield
                Amang the lave here?

Nae pomp nor passion there appear,
But winds the growin' laurel steer,
An' solitary friends draw near
                At antern times
To drap a saut but silent tear
                Owre Hughie's rhymes!

                    Quod HUGH HALIBURTON.

GLOSSARY.

[It is perhaps necessary here to repeat the statement of the Preface, that the dialect employed by the Author in the composition of these pastorals, now collected and submitted to the Reader, is that variety of the Scottish language which is still in vigorous use among the regular inhabitants of the Ochils. It is the Author's mother-tongue and every-day speech.

Into this speech words and phrases, which are commonly regarded as peculiar to other districts of the country, may have been imported—in a perfectly natural way. Thus the migration of a shepherd from Tweedside to the Ochils might be sufficient to account for the occasional use of a word like "callan'" by a native brother of the crook who happened to have the benefit of his acquaintance. The influence of later Scottish literature, too, must not be overlooked. Burns, and in a less degree Scott and Wilson, not to mention inferior writers, have enriched and, to a great extent, assimilated the various Scottish dialects.

The orthography of Scottish words is in a very unsatisfactory state. On this subject our best authors—who should be our best authorities—shew much mutual disagreement, and even considerable inconsistency in their individual practice. Still, use-and-wont has accustomed the eye to certain forms which had better be respected; while, for the less settled forms, a phonetic spelling may be sparingly adopted. It may be mentioned in this connection that the forms "fra" and "Jame," more commonly written "frae" and "Jim," have been revived from the practice of the old "Makkars."

Lastly, it will be noticed that whole verses are occasionally presented in English form. For this change of form the sentiment of the passage will readily account. An unusually elevated or serious train of thought in the mind of a Scottish peasant seems to demand for its expression the use of a speech which one may describe as Sabbath Scotch. The Scottish accent, of course, is preserved.]

Ahint, get behind.
Aiblins, probably.
Ajee, a-wry.
Aneu', enough.
Antern, occasional.
Ayont, beyond.

Ballant, ballad.
Band an' weepers, signs of mourning.
Better-ser'd, better served.
Begoud, began.
Bere, barley.

(*On the*) *Beer*, drinking.
Beas, beasts.
Bide, endure.
Billies, lads, or brothers.
Bield, shelter, or resting-place.
Bigg, build.

GLOSSARY.

Black-a-viced, dark-complexioned.
Braw, attractive, finely dressed.
Braw an' fine, clever and serviceable.
Brawly, well enough.
Broose, race (at country weddings).
Breek-folk, male sex.
Bur'al sang, elegy.
Buirdly, stout and stalwart.
Bu'k, bulk.
Burn-the-wind, blacksmith.

Ca', drive; call.
Caller, cool and clean.
Caulker, glass of whisky.
Callan', lad.
Cauldrife, always cold.
Chappit, beat.
Chiel, young fellow.
Chaft, jaw.
Chancy, safe.
Clash, scandal.
Cog, dish; bowl.
Core, band.
Command, possess.
Coup, empty by overturning.
Cracks, talks freely and familiarly.
Croon, head.
Cuist, cast.

Daurin', daring.
Dargin', toiling.
Dambuird, draughts-board.
Deep, sound.

Devil's books, playing cards.
Divots, sod.
Dicht, wipe.
Douf an' dowie, dull and dispirited.
Dooce, quiet.
Door, obstinate.
(*E'en be*) *Doin',* just put up with.
Doos, doves.
Dreigh, slow.
Drookin', drenching.
Draigon, paper kite (reference to Franklin's device).
Drouthy, dry.

Ee-bree, eye-brow.
Eild, old age.

Fash, trouble; put to the trouble.
Fashious, difficult to please.
Fain, willing.
Feerin', measurement of the rigs, preparatory to ploughing.
Feursday, Thursday.
Fient a wird, never a word.
Fit, foot.
Flichterin', rapid but unsteady.
Fog, moss.
Forfoughen', exhausted after severe exertion.
Forbye, besides.
Frem'd, strange.

Gate o't, way of it.

Gang, go (die).
Gars me houp, induces me to hope.
Gey, rather; very.
Geizen'd, shrunk with drought.
Gibbles, tools.
Gleg, sharp.
Gley'd, squinting.
Gowpenfu', two hands full.
Grozer-busses, gooseberry bushes.
Greybeard, jar of whisky.
Growf, stomach.
Granvit, cravat.
Guiser, masquerader (at Hogmanay).

Hairst, harvest.
Haill, whole.
Happit, covered.
Haiver, absurdity.
Head, whole; sum total.
Herds an' hinds, shepherds an' ploughmen.
Heat your house, be of service at your house-warming.
Hielant horn, a larger glass.
Hiz, or *his,* us.
Hogmanay, festival of 31st December.
Howkit, dug.
Horn, drinking cup.
Hoast, cough.
Hoolie, halt!

In the weather, exposed to the weather.

GLOSSARY.

I' the nick, at the precise moment.
Intil, into.
Iwet, zig-zag; like the letter Z in shape.

Jaloose, suspect.
Jinkit, eluded.
Jo, dear.
Jook, escape by ducking from.
Jorum, a large whisky measure.

Keekin', peeping.
Keep mind, remember.
K'ite, belly.
K'irkyaird granite, a tombstone.
Knock-woul, hillwood.

Lave (the), the rest.
Lad that owns a dug, shepherd.
(Mair) Laund, greater width between the furrows, as *mair earth* means greater depth of furrow. The result is gained by a slight displacement of the sock—horizontal in the former case, vertical in the latter.
Leeve, live.
Leviu, lightning.
Leglen, a milk pail with a straight handle.
Lead, a waggon load (of corn).
Lift, the sky.

Lippin', brimming.
Liefu' lane, self alone (left).
Likly, likely.
Limmer, a wild reckless female.
Lintie, linnet.
Lilt, chant.
Lowin', flaming.
Loof, palm of hand.
Loutit, stooped.

May, young woman.
Makkars, poets.
Mak' o't, match of it.
Mantit, spoke with impediment; stammered.
Mendit, reformed.
Miss'd the gauger, eluded the excise.
Mutchkin, a measure of four gills.
Murlin', crumbling.
Murnins, mournings.

Noig, naigie, horse.
Never oot o' bit, remaining in one place.
Nippit, parsimonious.
Nowte, cattle.

Pat on, clothed.
Pechan, breathing heavily.
Peat reek, turf smoke; whisky.
Pig, crock.
Preen, pin.

Rair, roar.
Raxin', stretching.
Reenge the ribs, poke the fire.

Ree, sensibly excited with drink.
Rowans, mountain ashes (or their berries).
Rowth, abundance.
Rug, tear, pull.

Sair, severe, or very much.
Sair comedoon, sore humiliation.
Screed, tear.
Scoog, shelter.
Score, line, limit.
Scowther, singe.
Shor'd, offered.
Shilpit, meagre; emaciated.
Skells, disperses.
Skirtit, made off.
(To drive) Shanks Naigie, to walk.
Siller, silver; money.
Siccar, sure.
Sin' syne, since then.
Silly, weak; unsuspecting; confiding.
Skirlin', screaming.
Slap, gap in fence.
Slaister, mess.
Smuggled, illicitly distilled.
Soom, swim.
Soop, sweep.
Soughin', sighing.
Snod, tidy.
Splenchan, pouch (for tobacco).
Spang, jump.
Speel, climb.
Stown, stolen.
Stookit, set up in ricks.

GLOSSARY.

Stoup, tall narrow pail (for holding water).
Stappit, stepped.
Sprogs, sparrows.
Sune than syne, early than late.
Swith, swift.
Swither, hesitation.
Sprattle, scramble, through over-crowding.
Steer, stir.

Tak' tent, take care.
Tak' the gress, fall to the ground.
Tack, lease.
Taks the tide, sets sail.
Tappit-hen, big bottle of 3 quarts.
Telt, told.
Thole, endure.
Thie, thigh.
Thirled, bound (said of customers to a mill).
Thraw'd, turned away crossly.
Tint, lost.
Tint their tale, forgotten their history.
Tod, fox.
Tooms, empties.
Trokin', dealing.
Tyke, dog.

Wair'd, spent.
Warstle, wrestle; struggle.
Wauk the nicht, lie awake all night.
Wale, pick.
Wanter, one on the outlook for a wife.
Water-folk, teetotallers.
Wast o' England, broad cloth.
Wha's aucht, who owns.
Whummle, tumble.
Whin-blume, furze-blossom.
Whaup, curlew.
Whil', which.
(Gude) Wheen claes, good few clothes.
Wime, belly.
Woo, or *oo*, wool.
Wuss, wish.
Weans, little children.